顔ハメ百景 広島

HIROSHIMA

【びしばし死闘篇】

塩谷朋之

PROLOGUE

日本人なら誰しも、顔をハメて写真を撮ったことはないにせよ、一度は絶対に見たことがある顔ハメ看板。日本全国すべての都道府県にあり、その土地の偉人や観光地、特産品などを手軽に知ることができ、また旅の思い出作りにも最適。そんな優秀な観光ツールであるにも関わらず、どこか間の抜けた存在であるからか、B級感が否めないためか、これまで顔ハメ看板を軸に各都道府県の魅力が語られることはほとんどありませんでした。なんと勿体ない。いろいろな土地を、「顔ハメ看板にハマること」を目的に旅する私にとっては、これ以上その土地を表しているものは他に無いと感じます。顔ハメ看板を通して、47都道府県の魅力を再発見していこうと企画したのがこの「顔ハメ百景」です。

この本に載っている顔ハメ看板の中には壊れたり、期間限定でもうハマれないものもあります。でもこの本に載っていない顔ハメ看板が新たに生まれているかもしれません。旅も顔ハメ看板のハマり方も百人百様。この本片手に旅に出て、顔ハメ看板の穴を通して見るあなたなりの「百景」を楽しんでください。

CONTENTS

南部 | nanbu

01　鉄板焼き お好み焼き なんじゃろーのにこめ

なんじゃろーという串焼き屋さんを経営されている方の二店舗目ということで、「にこめ」なんだと思われます、お好み焼きの「なんじゃろーのにこめ」。顔ハメ看板でハマれるお好み焼き片手に登場してきた感のあるキャラクターの名前は「にこまるくん」。お察しの通り、「いっこめ」である一店舗目の方には顔ハメ看板がありません。地味に角度が辛い、愉しい板です。

広島市安佐南区上安

02　広島市交通科学館

乗り物と交通がテーマの科学館に、ワンマンの文字が眩しい、アストラムライン6000系の顔ハメ看板。新交通システムが虹の上をいく演出も素晴らしいです。窓枠部分も開いていて、家族連れでも楽しめます。現在はヌマジ交通ミュージアムと名前を変えたこちらの科学館。看板の上を飛んでいるマスコットキャラクターは引き継がれているので、看板も残っていってもらいたいものです。

広島市安佐南区長楽寺

03　リアルかかしの里山

広島市の中心部から車で一時間ほどの、長閑な山の村に突如として現れる大量の案山子群。村のそこら中に当たり前のように設置されていて、予備知識ありで行っても驚かされます。旬の芸能人の案山子に交じってあるのは、立体的なひょっこりはんの顔ハメ看板。「この村は一人暮らしの老人をみんなで見守っています」との立て札も、温かい気持ちにさせてくれます。

📍広島市佐伯区湯来町大字多田

04　広島東警察署

2018年に移転したばかりということで、あまり怖い雰囲気の無い、綺麗で明るい警察署です。イベント等で設置されることは多々あれど、警察署内に置かれるケースは消防署に比べると少なめ。そのような中、子ども警察仕様という、誰がハマっても違和感を覚える愉しい看板が、惜しみなく3枚も設置されています。ハマっている目の前で事件の相談などされているので難易度は高め。

広島市東区二葉の里

05　中華酒場サモハン大手町店

レモンの被り物で嬉しそうにしているCMを見て誰もが、これが顔ハメ看板だったら自分もハマりたいなと、思ったことでしょう。そんなこだわり酒場のレモンサワーの顔ハメ看板が、大手町の中華酒場にあります。等身大販売促進パネルの顔の部分をくり抜いて作成されていますが、元々梅沢富美男さんの顔をかなり大きく強調しているパネルのため、ずいぶんと穴が大きめです。

広島市中区大手町

06　パークホームズ広島ボールパークタウン

広島東洋カープの本拠地であるマツダスタジアムを取り巻く形で創造されていく街、「広島ボールパークタウン」。そこにあるのはもちろんカープ坊やの顔ハメ看板です。キャラクターものは生身の人間とのギャップが際立ち、ただでさえ顔ハメ化が難しいのですが、坊やのお馴染みのポーズに、臆することなくガツンと開けられています。赤が基調の看板自体も、期待を裏切りません。

📍広島市南区南蟹屋

07 ガネーシュ鷹野橋店

歴史ある商店街の一角にあるインド料理屋さんの顔ハメ看板。店名にもなっている象の頭を持つ富の神様「ガネーシュ」に挟まれてハマれます。それにしても思い切った穴の開け方ですが、店名より鷹野橋のアピールが強めだったり、料理より神々のイラストが目立っていたりと、なんとも憎めない一枚。裏に廻ると、「顔を出してください」と書いてあります。顔を出しましょう。

広島市中区大手町

08 フィットネスジム アライブ

キッズからシニアまでとホームページでも謳われている通り、最高齢会員の方は90代という、幅広い世代に利用されているフィットネスジム。軒先には理想の身体になれる顔ハメ看板です。この手の看板は実写モノが多いのですが、イラストで表現することにより、人間離れしたボディーを手に入れられるのが嬉しいポイント。接骨院が併設されているので、多少の無茶も安心です。

広島市中区舟入南

09 かき小屋宇品店／宇品 BBQ ガーデン

例年 10 月上旬から 5 月上旬は「かき小屋宇品店」として営業し、5 月中旬から 10 月上旬は「宇品 BBQ ガーデン」として営業。広島みなと公園の中にあり、瀬戸内海を感じながら開放的に網焼きを堪能できます。顔ハメ看板のイラストは、コップのフチ子さんでおなじみのマンガ家タナカカツキさんによる、広島牡蠣をモチーフにした描き下ろし。豪快に食される牡蠣になれます。

広島市南区宇品海岸

10　宮島口駅

日本三景の一つである安芸の宮島の玄関口にある顔ハメ看板。まだ宮島の手前なのですが、既にこの駅周辺からして観光地ムード満点。駅前に設置されているこちらの顔ハメ看板も、厳島神社の鳥居、鹿、しゃもじに、駅員さんがもみじ饅頭の被り物と、名物・特産品がふんだんに盛り込まれています。日本三景に置かれるにしては気軽なタッチのイラストも堂々たるものです。

📍廿日市市宮島口

11　宮島松大汽船フェリーのりば

2012年の大河ドラマ「平清盛」の宣伝のために誕生し、現在は広島県観光ＰＲキャラクターとして活躍している「ひろしま清盛」。大胆なネーミングに痺れます。宮島への玄関口となるこちらのフェリー乗り場では、日宋貿易のために瀬戸内海の航路を整え、宋銭の輸入により貨幣経済を浸透させた清盛の功績を伝えんと、船に乗ってポーズを決めている「ひろしま清盛」になれます。

📍廿日市市宮島口

12 ホテルみや離宮

宮島フェリー乗り場から徒歩3分。世界遺産・厳島神社への道途中にある、瀬戸内を見渡せる展望風呂が自慢のホテルの前に、顔ハメ看板。「ひろしま清盛」は広島県観光ＰＲのためのオリジナルキャラクターなので、史実を越えて、宮島が発祥と言われているしゃもじを、誇張されたサイズで抱えることも出来るのです。烏帽子を被ってやる気十分の「ひろしま清盛」になれます。

📍廿日市市宮島町

13　まめたぬき

宮島名物の穴子を、陶器の箱ごと蒸しあげた「穴子めし」が食べられる食堂&バー。観光客の往来も激しい厳島神社へと続く表参道商店街にあるにしては、なかなか思い切ったサイズ感で立っています。キャラクターの口部分にハマらせるのは、キャラクター自体の愛され要素をなるべく残したい時によく取られる手法ですが、大抵食べられているように見えてしまいます。

廿日市市宮島町

14　ポエムハウス夢地蔵宮島店

店名の通り、可愛らしいお地蔵さんに囲まれて、城たいがさんのポエムが売られています。京都に川越、草津といったザ・観光地にも店舗があったので、なんとなく見たことがあるという人も多いはず。数多くの観光客が訪れる宮島という立地もあってか、相当愛されていることがわかる、看板のすり切れ具合。城たいがさん考案の笑文字に厳島神社に鹿と、全てを盛り込んだ一枚です。

廿日市市宮島町

15 常乙女

宮島の町家通りの中ほどにある、商家をリフォームしたギャラリー。長野県松本市にある、古民家再生の方法論を確立した、降幡建築設計事務所さんが設計されたとのことで、宮島の厳かな雰囲気に不思議と馴染む、趣のある佇まいです。建物自体と、開放的な中庭を見るだけでも、訪れる価値があります。顔ハメ看板のモチーフも束帯姿の平清盛で、趣深く設置されています。

廿日市市宮島町

16　清盛茶屋

厳島神社を越えた、海沿いの見晴らしの良い場所にあります、昭和30年から親子3代にわたり営業している食事処。顔ハメ看板は、舞台も衣装も朱色で統一された清盛。毎年春先に開催される「春を呼ぶ宮島清盛まつり」が思い起こされる一枚です。目の前の海岸でカヤック・SUPなどのマリンアクティビティを楽しんだ後は、名物のあなご丼で腹ごしらえがオススメです。

廿日市市宮島町

17　宮島水族館

世界遺産の宮島に立地していることもあり、水族館にしては外観が控えめな「みやじマリン」こと宮島水族館。一足踏み入れれば、エントランスホールからして例の朱色の柱がモチーフで醸し出しています。企画展の顔ハメ看板なので同じものはもうないですが、やっと歩き始めた息子が、背丈の高さの穴に吸い込まれるように、自分の足で初めてハマりにいった思い出深い一枚です。

📍廿日市市宮島町

18 大願寺

厳島神社の出口付近、大願寺の入り口に設置されたる顔ハメ看板には、出家後の法衣姿の清盛が描かれています。両肩には、護摩堂に鎮座する不動明王と、日本三大弁財天の一つである本尊厳島弁財天が浮かんでいます。大河ドラマの中では朱の法衣が印象的でしたが、ここでは山吹色となっており、後述の顔ハメ看板と差をつけたのかなと、ハマる側への配慮が感じられます。

廿日市市宮島町

19 大聖院

宮島で最古の歴史を持つ寺院、大聖院に置かれるのは、大願寺と対をなす朱の法衣姿の清盛の顔ハメ看板。間違い探しのように楽しめる二枚で、こちらの清盛の肩には、県指定重要文化財である木造十一面観音立像が。おびただしい数の仏像や地蔵に、摩尼車まであるアトラクティブな大聖院。宮島まできたら、どんなに忙しくとも、大願寺とセットでハマっておきたいところです。

📍廿日市市宮島町

20　宮島ロープウェー紅葉谷駅

厳島神社と同様に世界遺産に登録されている、弥山の麓にあるロープウェー乗り場に顔ハメ看板。同じサイズで二枚仲良く隣り合って置かれています。一枚はすっかりお馴染みの広島県観光ＰＲキャラクター「ひろしま清盛」。もう一枚はロープウェーに乗るカップル。厳島神社と、大聖院霊火堂の消えずの火などが描かれていますが、お茶目に振り向く存在感ある鹿が愛らしく。

📍廿日市市宮島町

21　海田総合公園

テニスコートに野球場、県内でも有数の規模を誇る大型遊具まである、まさに総合公園に置かれているのは、人気イラストレーター今井杏さんの描き下ろし顔ハメ看板。海田町の花である「ひまわり」になれる一枚で、お花畑に包み込まれんとする、ほのぼのイラストに癒やされます。遊具広場のシンボルであるロング滑り台に鎮座するハチまでさり気なく描かれていて、完璧。

安芸郡海田町東海田

22　熊野町観光案内所「筆の駅」

日本一の生産量を誇る筆の都、熊野町の観光案内を担う施設で、筆製作の見学や体験、併設のギャラリーなどを通じて、筆文化啓蒙に取り組まれています。堂々と正面玄関に設置されているのは、筆の穂首になれる顔ハメ看板。毛の部分用にカツラが用意されている上に、逆さになってハマるために簡易ベッドまで備え付けられていて、発案者の並々ならぬ思いが伝わってきます。

安芸郡熊野町出来庭

23　K ♡ shokuya club KENTO

最初店名の意味がよく分からなかったのですが、K ♡ shokuya= 軽食屋さんという意味なのだと、東京に戻ってきてから聞きました。元祖呉名物とある通り、海軍カレーに大和ラムネ、船の錨などが盛り込まれた顔ハメ看板。素朴な絵のタッチと、顔ハメ看板としては珍しい麻製の質感が絶妙にマッチしています。足場として脚立が用意されている裏側の、モノに溢れたカオスっぷりも注目です。

📍呉市中通

宮地洋服店
おち

24 大和温泉物語

22種類のお風呂にサウナ7種類、岩盤浴3種類と、呉駅から徒歩一分のショッピングセンター内にあるとは思えない充実した温浴施設。顔ハメ看板の構図はありがちな入浴中のものかと思いきや、呉市の公式ゆるキャラ「呉氏」が戦艦大和にまたがっていたり、シュノーケル着用で浴槽に潜り込んでいたりとやりたい放題。カップル向けの二人用なのに、浴槽は別という点にも注目です。

呉市宝町

25 呉市海事歴史科学館（大和ミュージアム）

大和ミュージアムという愛称の通り、戦艦大和の建造と軍事活動を中心に、歴史と造船について学べる科学館。呉観光において外せない、戦争について考える機会を与えてくれる重要な施設ですが、多くの人が訪れるためか、顔ハメ看板もバラエティに富んだラインナップとなっています。何パターンかの看板が確認できていますので、呉を訪れるたびに立ち寄りたくなるスポットです。

呉市宝町

26　呉ハイカラ食堂お土産売り場

昭和の高度成長期の懐かしさを再現したレストラン「呉ハイカラ食堂」に併設されたお土産売り場に、オタフクソースの顔ハメ看板。ご当地ということで、海自カレーソースバージョンになっています。レストランには潜水艦の中を再現したコーナーなどもあり。穴が割りと低めの位置にあるのですが、お子さん用の踏み台も完備。必ず大人の付き添いでと注意書きもあり、親切設計です。

呉市宝町

27　入船山記念館

国指定重要文化財の旧呉鎮守府司令長官官舎を中心に、郷土館、歴史民俗資料館を構える文化施設。呉鎮守府は軍港の防備を司る高等司令部という国の重要機関でありながら、通称「くれちん」が何とも可愛い。歴史を感じるこのエリアにピタリと合うタッチで、史実を基に描かれた「くれちん」の長官になれる顔ハメ看板が鎮座。荘厳な雰囲気の中に紛れている呉氏にも注目です。

📍呉市幸町

28 お食事処くろぼや

ここ福富町の隣町である、豊栄町が広島県の中心にあるという事で開発されたご当地メニューがへそ丼。白ご飯を広島県に見立てて、中央に豊栄産の卵の卵黄がセットされるへそ丼ですが、顔ハメ看板はへそ丼と書かれた丼の中にいる絶滅危惧種、オオサンショウウオになれるという斬新なスタイル。SNSへの投稿を意識した力強い「いいね！」と、大きく開けられた穴に勢いを感じます。

📍東広島市福富町久芳

29 西条駅前にぎわい広場

兵庫県の灘、京都府の伏見とともに、酒造りに適した気候と、鉄分の少ない地下水の恵みから「日本三代銘醸地」と呼ばれる西条。そんな酒どころに設置された顔ハメ看板は、四斗樽を優に超える酒樽を担げるというセンスが光る一枚です。穴の位置が低めで、実際の体勢とのギャップも楽しめます。広島県出身のイラストレーターで、この本のイラストも描いてくれたBOOSUKAさんの作品。

東広島市西条栄町

30　たけはら 海の駅

かつて大日本帝国陸軍の毒ガス工場があったものの、現在では国立公園に指定されて、約900羽もの野生のウサギが生息するのんびり空間へと変貌した無人島、大久野島。そんな大久野島へ向かって出航出来る海の玄関口ということで、可愛らしいウサギさんが大量発生の顔ハメ看板が鎮座。建物内にはレストランや売店も充実していて、乗船時間までゆったり過ごせます。

竹原市港町

31　府中市上下歴史文化資料館

江戸時代には天領として栄えた上下町。趣深い白壁の町並みで、歩いているだけでも歴史と風情を感じられます。そんな上下町にあるこちらの文化資料館の前に設置されている顔ハメ看板は、これまた雅な雛祭りもの。建物自体も元々、田山花袋の小説「蒲団」のヒロインのモデルとなった女流文学者・岡田美知代の生家ということで、風情に次ぐ風情を感じます。

府中市上下町上下

竹原 垂水
有効高さ 4.00M
3 2 1

看板のある風景 1

32　道の駅 さんわ 182 ステーション

全国的にも珍しい、キャンピングカーのレンタルが出来る道の駅にあるのは、広島市在住の漫画家西島大介さんによる描き下ろし顔ハメ看板。第3回広島本大賞を受賞した「すべてがちょっとずつ優しい世界」の中に、神石高原町観光協会のマスコットである神石高原四仙人衆がひょっこりプリントされています。斬新なスタイルのコラボレーションと、可愛らしい穴の位置。

神石郡神石高原町坂瀬川

33　せらワイナリー工場

輸入された濃縮果汁等を一切使わず、世羅町産ぶどうのみで作った、「日本ワイン」にこだわっているワイナリー。工場のみならず、レストランやショップまで、あらゆる施設をオンライン上で360°見学できる進みっぷりです。置かれているのは、福山市在住のイラストレーター大沢純子さんによる描き下ろし顔出し看板。動物たちが賑々しく「せらワイン」で乾杯しております。

世羅郡世羅町黒渕

34　道の駅世羅

観光コンシェルジュがおり、世羅に訪れたら最初に行くべき道の駅。高校駅伝の県予選で、男女揃って10年以上連続で優勝している駅伝の強豪校、世羅高等学校があるので、駅伝の町として有名な世羅町です。日本有数のランニングコースもあり、町全体で盛り上げています。置かれている顔ハメ看板はもちろん駅伝モチーフ。カープ坊や、カープ女の子と一緒に走れます。

世羅郡世羅町川尻

35　ピッツァアモーレ仲田屋

牧歌的な田園風景の中、唐突に現れる本格窯焼きでつくる本場ナポリピッツァの名店。構図であったり、世羅の文字の置きっぷりであったりが、いろいろと物語っている、愉しい看板にハマれます。地元の人にはお馴染みの、連日かなりの賑わいをみせる人気店。せっかく伺うなら美味しいピザはゆったりと食べたいところです。時間に余裕を持って訪れることをオススメします。

世羅郡世羅町東神崎

36 瀑雪の滝

滝口をはなれ落下する水が、玉と砕けて雪のように舞う様から、「瀑雪の滝」と名付けられたとのこと。毛利元就も涼を取ったと伝えられているこちらでハマれるのは、息子たちに協力の大切さを教えた「三矢の訓」モチーフの顔ハメ看板。駐車場からの距離はそこまでないのですが、看板に刻まれた「探訪記念」の文字にふさわしい、滝周辺の雰囲気がなんとも素晴らしいです。

三原市本郷町船木

37 三原駅

駅前に鎮座するのは、イラストレーター五月女ケイ子さんの描き下ろし顔ハメ看板。三原城の築城を祝い、城下の人たちが踊ったのが始まりと伝えられている、筋金入りのお祝いダンス「三原やっさ踊り」をモチーフにした、躍動感ある一枚です。お祭りの期間は毎年8月第2日曜日を含む3日間ですが、顔ハメ看板であれば、いつでもみんなで一緒にやっさやっさと踊れます。

三原市城町

看板の
ある
風景　2

38 道の駅 みはら神明の里

瀬戸の絶景を一望できる道の駅に置かれているのは、マンガ家タナカカツキさんによる描き下ろし顔ハメ看板。三原の名産品「マダコ」に襲われて、助けを求める少女になれます。夏が旬の、三原で漁獲される「三原やっさタコ」を食せる、こちらの道の駅。たこ焼きから海鮮丼というオーソドックスなスタイルから、変わり種のたこ天カレーまで、お好みに合わせてどうぞ。

三原市糸崎

39　宇宙一おいしいラーメンフレンド

宇宙一おいしいラーメンということで、宇宙人が行列に並んででも食べたい様子が顔ハメ看板化されています。広島で是非ともハマっておきたい一枚ですが、平日のお昼しか開いていないという難易度の高さなので、事前に確認してからの訪問をオススメします。店内に入れば、スナックな内装と、ミュートで付けられているテレビに、レゲエのBGMが乗り、正に宇宙に引き込まれます。

尾道市尾崎本町

看板のある風景 3

40 INACAT プティマルシェ

猫の細道の愛称で呼ばれる200メートルほどの細い路地。その中にある、猫グッズ多めのハンドメイド雑貨とお菓子のお店にある顔ハメ看板は、やはり猫モチーフ。天使の羽が生えた猫になれて、猫も一緒にハマれる仕様ですが、ちゃんと一緒にハマるのは相当難易度高そうです。日替わりでにゃんこが店長を務められていて、顔ハメ看板にハマる様子を人懐っこく見守ってくれます。

尾道市東土堂町

41 尾道らーめん ベッチャー

食べ物を出すお店の名前がベッチャーとはこれ如何に。と思っていたら、尾道市民俗文化財の奇祭「尾道ベッチャー祭り」から取られているとのことで、地元を愛するラーメン屋さんでした。顔ハメ看板もベッチャー祭りに敬意を表して、祭りの主役である「ベタ」、「ショーキ」、「ソバ」の鬼神の顔には開けずに、胴のあたりにガツンと穴が開けられており、想いが伝わってきます。

尾道市東御所町

42　瀬戸田町観光案内所

しまなみ海道沿いにあるということで、レンタサイクルが併設されていたり、コインロッカーや無料の空気入れ貸出しサービスもある、サイクリストに嬉しい生口島の情報発信基地。島ごと美術館としても有名な生口島は、野外彫刻作品がそこかしこに置かれているのですが、ここで情報を仕入れておくと巡りやすいです。顔ハメ看板は生産量日本一の島の特産品であるレモンモチーフ。

尾道市瀬戸田町沢

43　因島しまなみお菓子工房 プチフール

因島発祥の「はっさく」の皮を甘酸っぱいスイーツに仕上げた「はっさくピール」で有名な、島のお菓子屋さん。お店のスイーツ同様、丁寧な作りの手描きの顔ハメ看板が、店先で目を引きます。因島のゆるキャラ「はっさくん」の、ヘタの部分と「いんのしま」の大工仕事が素晴らしい。土台も手作りながら、工夫されていてかなり頑丈。顔ハメ看板への愛を感じます。

尾道市因島中庄町

44　因島水軍城

村上水軍の残した武具や遺品、古文書などの歴史資料を紹介する、昭和58年に築城された全国的にも珍しい城型資料館。小高い山の上にあり、150段の階段でちょいとした運動になります。登り切った先には小ぶりの天守閣と、顔ハメ看板が2枚。村上水軍に扮したはっさくんになれる看板と、因島出身のミュージシャン、ポルノグラフィティのお二人に囲まれるはっさくんになれる看板です。

尾道市因島中庄町

45　福山城博物館天守閣

2006年に日本100名城に選定された福山城。かつて蝙蝠山と呼ばれていた地域と言うことで、天守閣に鎮座するのは、逆さになってハマれるコウモリの顔ハメ看板。穴の位置の高さまで、人が寝っ転がれる台が用意されているのですが、靴を脱いで上がらなくてはいけないため、セルフタイマー10秒でハマるのがなかなか忙しい一枚です。背景と一体となっている点にも注目です。

📍福山市丸之内

46 平成いろは丸

坂本龍馬率いる海援隊でお馴染みの蒸気船「いろは丸」を模した連絡船「平成いろは丸」。その乗船場にある顔ハメ看板は、可愛らしいタッチながら、裏に廻ると木製看板の黒ずみに歴史を感じ、ギャップにグッときます。「平成いろは丸」に5分揺られれば、国立公園の記念切手モデルに選ばれるほどの景勝地、仙人も酔ってしまうほど美しい無人島、仙酔島に上陸出来ます。

福山市鞆町鞆

47　みろくの里

広島県内で唯一の遊園地である、みろくの里。広大な土地に広がる総合レジャーランドで敷地内には昭和30年代の町並みを再現したコーナーから、温泉施設、野球場、美術館まで、幅広く精力的に展開されています。お化け屋敷前に置かれている顔ハメ看板は、屋外設置に耐えうる金属製。ホームページでは「顔の部分が抜かれた写真スポット」などと丁寧に紹介されています。

福山市藤江町

Miroku Thriller

COLUMN | 広島の女（ひと） 村上渚

「広島からです、村上渚と申します！」と、渚さんから勢いのあるメッセージが届いたのはちょうどコロナ禍の2020年。なんでも、安芸高田市にいくつか顔ハメ看板を置くイベントで制作を任されたとのことで連絡をいただいたのでした。世間的にもイベントが制限や縮小傾向にあった中で、顔ハメ看板を大々的に使った取り組みだったので、興味が湧くと同時に、一筋の希望のように感じられたものです。実際に制作された顔ハメ看板は、本書でご紹介しているので、渚さんの力強いタッチを確認してみてください。

しばらくして広島に訪れる機会を得た時には、お好み村を案内してもらったり、神楽を鑑賞させてもらったり、渚さんがアート活動の拠点として運営している秘密基地にて、カードゲームで夜を明かしたりと、広島の夜を堪能。映画が共通の趣味と分かり、お互いのオススメの映画を紹介しあう中となりました。愛媛県と広島県の間の島、伯方の塩でお馴染みの伯方島出身ながら、志を持って広島市へ移り住み、広島市に住んでいる期間の方が長くなったという広島の女（ひと）です。人に楽しんでもらってこそアートという信条を持ち、ゆくゆくは地元の島に顔出しパネルパークを作りたいという渚さん。今後も動向が気になるところです。

看板のある風景　4

北部 | hokubu

48　たかみや湯の森

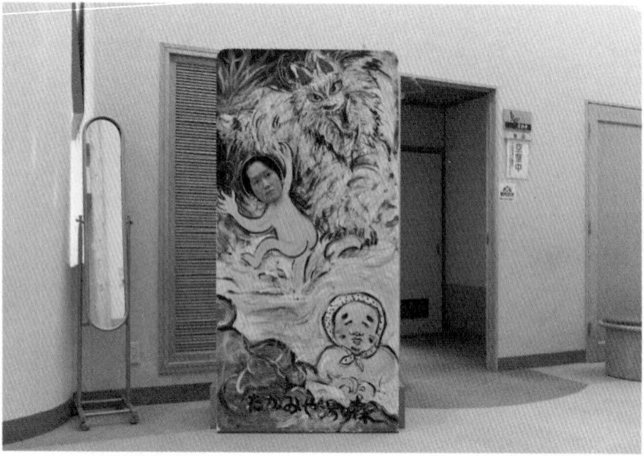

江戸時代から名湯として親しまれた天然ラドン温泉施設にあるのは、安芸高田神楽の人気演目「悪狐伝」がモチーフの顔ハメ看板。中国やインドで悪行を重ねた金毛九尾の狐に襲いかかられる、尻丸出しの人になれます。全裸で襲われている人を余所に、神楽で出てくる道化役の珍斉さんが、全く気づいていない様子で、温泉に浸かってくつろいでいるところも見逃せない一枚です。

安芸高田市高宮町原田

49　道の駅　北の関宿安芸高田

道の駅内にある名店、ながいきラーメン食堂の看板メニュー、麺にウコンを練りこんだ「ながいきラーメン」を、百までうまいと、豪快にすすっている翁の口から顔を出せる、変わり種の顔ハメ看板。力強いタッチは画家の村上渚さんがライブペイントで仕上げたもの。ながいきラーメン食堂はやる気のある定食屋級に惣菜コーナーが充実しているので、百まで飽きずに通えそうです。

安芸高田市美土里町横田

50　神楽門前湯治村

昔懐かしい温泉街を山奥に再現した総合施設。こう書くとのほほんとした印象ですが、「神楽を愉しみつつ最高の時間を過ごしていただくための場所」とホームページに説明があるように、日本最大の神楽専用の観覧設備である「神楽ドーム」が施設内にあったりする、なかなか気合の入った村です。顔ハメ看板も、もちろん神楽。神様絡みのモチーフだけに、壮大な看板が揃っています。

安芸高田市美土里町本郷

顔出し
んさい!
広島県

51　安芸高田市歴史民俗博物館

毛利氏と郡山城跡を中心に、市の歴史と文化財を紹介する博物館。やはり毛利元就コーナーが充実しており、館内に一緒に撮れる記念撮影スポットがありますが、正面入り口にデンと構える顔ハメ看板も、もちろん毛利元就。頑丈な金属製で、長く愛されている雰囲気があります。足の固定に、かなり念入りに重しが置かれていて、風の強い日対策もバッチリ。

📍安芸高田市吉田町吉田

52　土師ダムサイクリングターミナル

八千代湖に沿った3.7kmのサイクリングロードが整備されている土師ダム。設置されている顔ハメ看板は、自転車と言えばの、あの映画の有名な一場面が切り取られています。自転車が宙を飛んでいる。さらに土師ダムのまだ名前のない新キャラクターと、安芸高田市の公式マスコットキャラクターたかたんも仲良く編隊飛行してくれていて、どこまでも一緒に飛んでいけそうです。

安芸高田市八千代町土師

53 酵素風呂 森蔵

デトックス効果やリラックス効果に、ダイエット効果も期待できる酵素浴施設の顔ハメ看板は、効果に反してファンキー且つカラフルな、作り込まれた一枚。焼きながら提供し、片付けまでしてくれる本格的なアメリカンスタイルのBBQが楽しめる施設も併設されており、タコを調理している顔ハメ看板です。設置されている看板の、壁からの距離の短さも注目の一枚です。

📍安芸高田市向原町戸島

54　向原農村交流館やすらぎ

工芸品に味噌や醤油、お酒などの加工品や、その日に収穫された新鮮な野菜など、向原町の特産品を数多く取り扱っている施設です。6月中旬頃に見ごろを迎える花しょうぶが咲く向原町の田園風景の中を、芸備線のキハ40系の電車が走っています。車窓から旗を振っているのは、安芸高田市マスコットキャラクターのたかたん。イラストレーターのさとうもぐもさんの作品です。

安芸高田市向原町長田

看板の
ある
風景 5

らぎ
太陽の果実
愛媛の
明浜みかん

55　道の駅 舞ロードＩＣ千代田

神楽団の数が日本一の北広島にある道の駅には、八岐大蛇の名シーンが再現された素敵な顔ハメ看板が鎮座。道の駅内で当日買い物した分のレシートがあれば、施設内のレストランにて神楽が無料でみられるという羽振りの良さ。こういった身近に神楽がある環境を作る取り組みも、多くの町民が関わる伝統芸能として愛され、伝承されている秘訣なんだろうなと感じます。

山県郡北広島町有田

56　道の駅 来夢とごうち

日本最南端の豪雪地帯、安芸太田町の玄関口に位置する道の駅にある、ゲシュタルト崩壊を起こしそうな大胆な構図の顔ハメ看板。安芸太田町の特産品である祇園坊柿は、江戸時代から続く稀少品種で、あの夏目漱石も愛したといわれる高級柿。育てるのが難しく、土壌づくりが重要な特産品も、顔ハメ看板となれば気軽にハマれます。幅広い年齢層に向けた、気の利いた穴の位置。

山県郡安芸太田町上殿

57 ウイル西城

一階には薬局やスーパーなどの商業施設、二階には多目的ホールや会議室があるコミュニティスペース。類人猿型の未確認動物「ヒバゴン」が、1970年に比婆山連峰で目撃されてから50周年の2020年に、記念で設置された一枚です。仲良くピクニックにでも出掛けそうなヒバゴン親子と、庄原さとやま博のマスコットキャラクターとして誕生したキョロやまくんが描かれています。

庄原市西城町大佐

58　国営備北丘陵公園

中国地方唯一の国営公園で、340ヘクタールの広大な土地に、どの世代をも受け入れる様々な体験型イベントやら施設やらが目白押しです。顔ハメ看板は2枚あり、どちらもUMA、ヒバゴンモチーフ。1970年に目撃されてから数年で目撃情報が途絶えたものの、役場に類人猿係が設置されたり、騒動を基にした小説が映画化されたり、顔ハメ看板になったりと、未だに熱を帯びています。

庄原市三日市町

59 湯本豪一記念日本妖怪博物館 三次もののけミュージアム

日本屈指の妖怪コレクターである湯本豪一氏の膨大なコレクションを寄贈されて出来上がった、日本初の妖怪博物館。妖怪の博物館に相応しい顔ハメ看板が、イベントの度に頻繁に設置されています。2019年にオープンしたばかりということで、チームラボプレゼンツの、描いた妖怪がスクリーンで動き出すという楽しげなコーナーもあり、小さいお子さんも安心して楽しめます。

三次市三次町

三次もののけミュージアム

TIPS
MIYOSHIの
稲生物怪録
INOU MONONOKE ROKU
HIROSHIMA・MIYOSHI

看板の
ある
風景 6

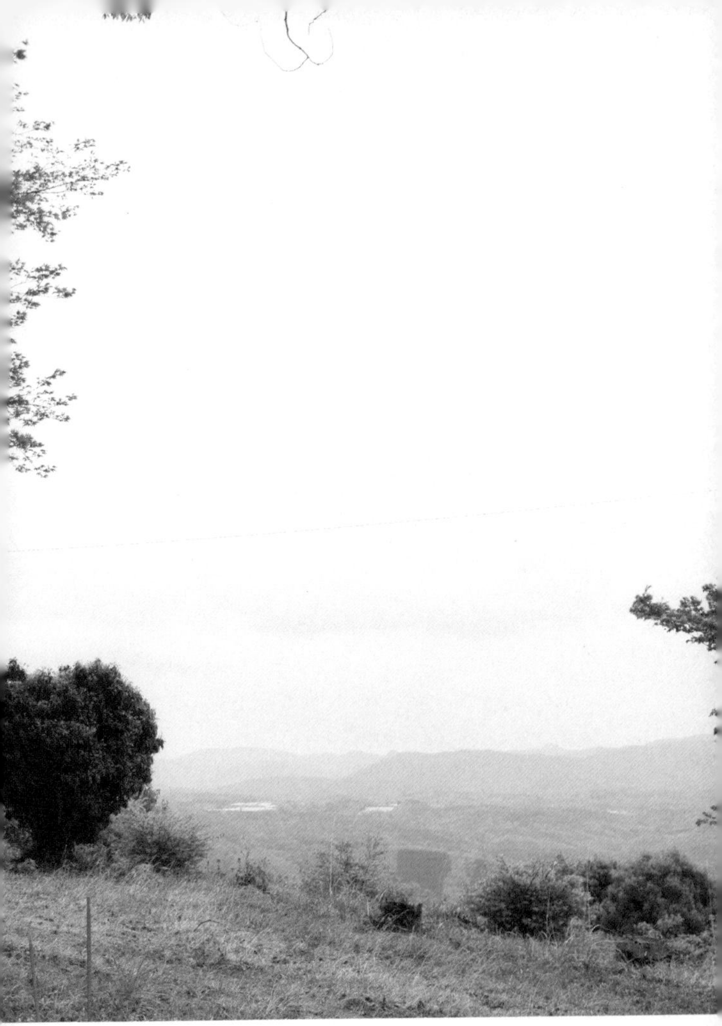

60　もののけトイレ

江戸時代中期の三次に実在した武士、稲生平太郎の妖怪にまつわる不思議体験をまとめた、「稲生物怪録」モチーフの顔ハメ看板。トイレの横に設置されているという珍しさ。歴史ある物語に対して親しみやすいタッチで描かれています。平太郎君が持っている木槌は、毎夜現れる化け物に動じなかった勇気を称えて魔王がくれたもの。広島市東区にある國前寺に現存しています。

📍三次市三次町

61 高谷山霧の海展望台

秋から早春にかけて生まれる三次の風物詩、「霧の海」が一望できる展望台に設置されている看板は、三次観光イメージキャラクターのきりこちゃんになって、きりこちゃんと一緒に撮れるという一枚。インスタグラムの枠風となっているのが、霧の海も一緒に撮れるという配慮だと思うのですが、枠も霧もきりこちゃんも概ね白いので、全体的に白い写真が撮れて最高です。

三次市粟屋町

62　まっちゃん

地元民に愛されるお好み焼きの名店。カラフルな旗の歓迎の先にポツンと、エプロン姿の「まっちゃん」と「としちゃん」のお二人になれる顔ハメ看板が佇んでいます。中に入れば、お好み焼きを丁寧に作るキュートなお二人の姿が。お客さんの健康を考えて焼かれる、油を使わないお好み焼きがウリです。なんとも素朴で素晴らしいタッチの看板からも、優しさが伝わってきます。

三次市江田川之内町

63　みよし運動公園

子どもが楽しむことでお馴染みの公園ですが、こちらは三次市の特産品であるワインをイメージした個性的な遊具が並んでおり、幻想的な雰囲気で飛ばしています。そんな遊具に紛れて顔ハメ看板。様々な顔が描かれており、穴の上には「今日は調子どう？」と英語でメッセージ。その日の気分で決めましょう。対象年齢ごとに3つのエリアに分かれている親切設計の公園です。

三次市東酒屋町

看板の
ある
風景　7

お
み焼
創業明治2年
おいしさプロの味
カープソース
毛利醸造株式会社

EPILOGUE ｜私の広島

顔ハメ看板を通して都道府県を見つめ直すこちらの顔ハメ百景シリーズ。何々編とサブタイトルを付けていたのは、全てこの広島びしばし死闘篇のためだったのであります。中学生の時にWOWOWで仁義なき戦い一挙放送を観て以来、東映ヤクザ映画シリーズの虜。初見からしばらくはエセ広島弁が抜けなかったものです。大人になり、高速バスで早朝の広島に初めて降り立ち、朝靄の中初めて聞いた広島弁が、パンチの効いたおばあちゃんの「カラスは賢いのう…」だった時には、涙が流れるほど感動しました。

さておき、広島県を南部、北部に分けて、顔ハメ看板で見つめ直してみますと、やはり南部では広島市内、呉、宮島辺りの、人が集まり、観光資源が豊富なところに多くの顔ハメ看板が設置されています。特に宮島は大河の平清盛フィーバーを受けて、大量に設置されており、島の大きさに対してなかなかの顔ハメ看板密度です。ハマって廻るだけでもかなり時間が掛かるので、厳島神社に寄らずに本州側に帰ろうとしたら、妻に死ぬほど怒られたのも良い思い出です。

そんな南部の顔ハメ看板的重要スポットは尾道。初めて訪れた時は、ちょうど修学旅行生が風景に溶け込んでいて、気分が良かったことが思い出されます。若々しい学生服がよく似合う街、尾道。相反して、アクの強い顔ハメ看板が豊富です。思い出深いのは、本書でも紹介させていただいた、宇宙一おいしいラーメンフレンド。火曜日から金曜日のお昼のみ、売り切れ次第営業終了というスタイルで、三度目の尾道でやっとハマれました。海岸通りの外れに幟が見えた時には感動して涙が。是非尾道でハマりたいと思っていた、尾道レコードのラモーンズとセックスピストルズのチープな段ボール製の顔ハメ看板と、シネマ尾道のモナリザモチーフの猫もハマれる顔ハメ看板が、既に無くなっていたのも淡い想い出です。

そして広島の秘境といえる北部。数でみると南部に比べて少ないのですが、なかなかどうして、粒ぞろいの素晴らしい看板がずらり。秘境に相応しいヒバゴンの顔ハメ看板を本書でもいくつか紹介させていただいているのですが、注目していただきたいのがその形態の多様性。実際にハマり歩いている時も、えっ？これもヒバゴンなの？とクラクラきたものです。この示し合わせていない目撃情報を元に出来上がったいくつものヒバゴンを見ると、比婆山に毛むくじゃらの何かが住んでいることは間違いなさそうです。日本初の妖怪博物館である、もののけミュージアムは顔ハメ看板的にも重要なスポット。常設の看板以外にも、企画展の度に頻繁に看板を更新されていて、いつ訪れても何枚かハマれそうな安心感があります。そして三次には、「三の次と書いて三次と読みます」という素晴らしいご当地ソングがあるので、是非現地で聴いていただきたい。清々しい歌いっぷりとリフレインがクセになります。

広島の顔ハメ看板を語る上で外せない出来事が、2018年11月から催された、広島県による西日本豪雨の復興PR施策「顔出しんさい！広島県」です。県内27カ所もの観光スポットに、わざわざ撮りに行きたくなるデザインの顔ハメ看板をそ

Please Remove Shoes
くつをぬいで
あがってください
くつをぬいで
あがってください

れぞれ設置するという、県行政がGOサインを出したとは思えぬ、どうかしているこちらの企画。この素晴らしいイベントに私もお声掛けいただいて、3日間で27カ所を巡るというなかなか過酷で愉しい旅を堪能しました。広告代理店の方と何度か打ち合わせを実施して、この企画の意義を様々な角度から検証して、何が一番良いかと探った結果、一人でレンタカーを借りて顔ハメ看板をただただ巡るという結論に。旅に先立ち、ギャルの聖地「SHIBUYA109」で、CYBERJAPAN DANCERSの方々とPRイベントをご一緒させていただいたところ、後日長男が通う保育園の先生方をざわつかせたというのも、懐かしく思い出されます。数年後に安芸高田市で「顔出してみんさい安芸高田」というスピンオフ企画が催され、顔ハメ看板が新たに設置されたのも、影響の大きさを物語っておりました。

広島との想い出は、電話出演させていただいたラジオ番組、「一文字弥太郎の週末ナチュラリスト朝ナマ！」にも色濃く残っています。ちょっと知的で流行に敏感というキャッチフレーズの朝のラジオ番組に、当時４歳の長男がちょいちょい乱入してきて、広島の皆さんにはご迷惑をお掛けしました。その後、広島を訪問した際に、粋な広告代理店の方の計らいで、一文字弥太郎さんと夜の宴席をご一緒させていただきました。「ウニホーレン、意外と美味しいでしょ？高いし自分たちで食べに行かないですけど」「上下町は鑑定団を断っていますから」「カープはブランド。シャネル、グッチ、カープです」などのパワーワードを幾つもお聞きできた、素晴らしい夜。この本の企画も進行中だったので、広島編が出る時は是非教えてくださいね、毎週ラジオやってるから、広島にいる時は出てくださいよと何とも気さくに出演オファーをいただいたのも、お人柄が滲み出ていました。本が出来上がったら一番読んでいただきたかった一文字さんでしたが、生前にお届け出来なかったことが悔やまれます。もう一度お会いしたかった、もう一度お話を聞きたかった、一文字弥太郎さんこと名切勝則さん。私の広島です。

INDEX

南部

北部

顔ハメ看板ニスト｜塩谷朋之

東京生まれ。20 歳頃より顔ハメ看板に憑りつかれて、体がはみ出ないようにハマる、穴を埋めるため知らない人にでも声をかけてハマる、ハマる前にお酒を飲まないなどのマイルールに従って活動を続ける。三脚とカメラを毎日携帯し、常にハマれる看板がないかを探す日々。2022 年時点でハマった顔ハメ看板の枚数は 4700 枚を超える。中学生の時に「仁義なき戦い」に感銘を受けて以来、東映ヤクザ映画鑑賞の道を歩み、「孤狼の血 LEVEL2」でカープ坊やの顔ハメ看板が大々的に出てきて、想いが昇華、というのが広島との繋がり。

イラストレーター｜BOOSUKA

広島県因島出身。広島→京都→大阪→東京と移り住み現在広島市在住。次は何処へ行くのかはわかりませんが、今は広島県内を散策し美味しく楽しみながら絵を描いています。8 年ほど前に縁あって保護犬の SORA を家族に迎え生活は一変、当然ワンコ中心の生活を楽しんでいます。その生活をライフワークとして、文字多めの 4 コマまんが「SORA、君と一緒に」を描いています。もちろん仕事もしっかり楽しんで描かせて頂いています。

編集　島田真人
イラスト　BOOSUKA
ブックデザイン　白畠かおり
協力　株式会社ザメディアジョン

顔ハメ百景｜広島 びしばし死闘篇
2023 年 6 月 1 日発行

著　者　塩谷朋之
発行者　島田真人
発行所　阿佐ヶ谷書院
〒 166-0004　東京都杉並区阿佐谷南 3-46-19-102
e-mail：info@asagayashoin.jp
URL：http://www.asagayashoin.jp
印刷・製本　シナノ書籍印刷

ISBN978-4-9907986-7-3